Impressum
Verlag: BABADADA GmbH, Nedderfeld 112 , 22529 Hamburg
Geschäftsführer / Verlagsleitung: Harald Hof
Druck: Books on Demand GmbH, In de Tarpen 42, 22848 Norderstedt

Imprint
Publisher: BABADADA GmbH, Nedderfeld 112 , 22529 Hamburg, Germany
Managing Director / Publishing direction: Harald Hof
Print: Books on Demand GmbH, In de Tarpen 42, 22848 Norderstedt, Germany

škola

школа

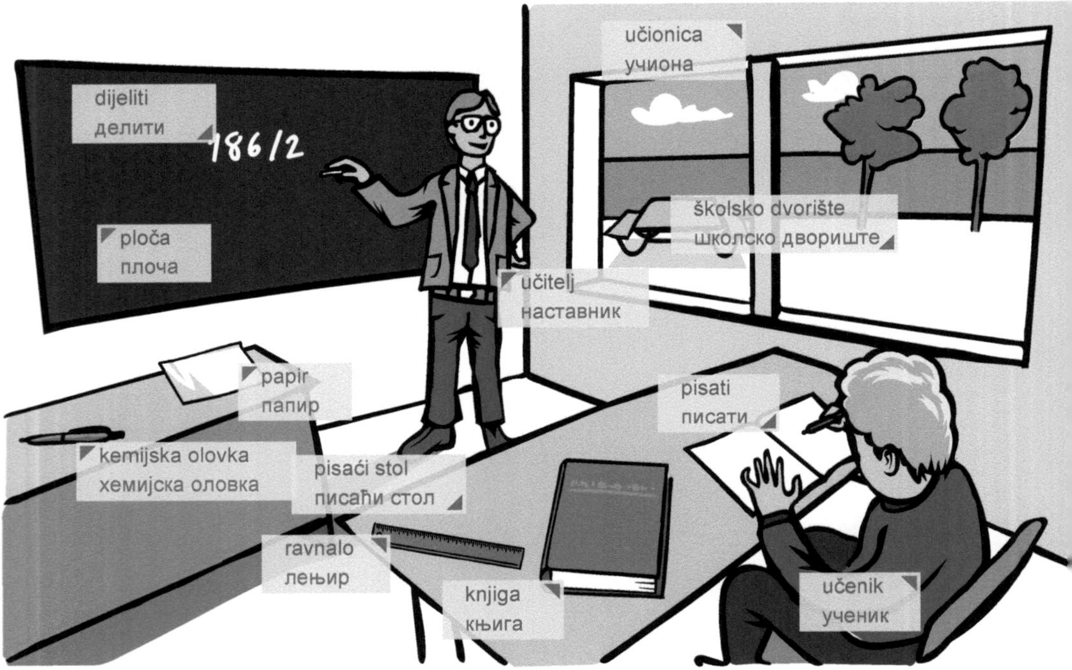

učionica
учиона
dijeliti
делити
186/2
ploča
плоча
školsko dvorište
школско двориште
učitelj
наставник
papir
папир
pisati
писати
kemijska olovka
хемијска оловка
pisaći stol
писаћи стол
ravnalo
лењир
knjiga
књига
učenik
ученик

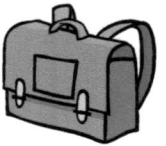

torba

торба

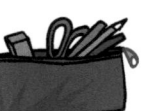

pernica

перница

grafitna olovka

графитна оловка

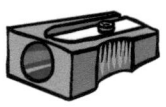

šiljilo za olovke

шиљило за оловке

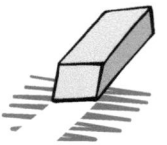

gumica za brisanje

гумица за брисање

blok za crtanje

блок за цртање

crtež

цртеж

kist

кист

kutija s bojama

кутија са бојама

makaze

маказе

ljepilo

лепило

bilježnica

бележница

domaći zadatak

домаћи задатак

broj

број

sabirati

сабирати

oduzimati

одузимати

množiti

множити

računati

рачунати

slovo

слово

abeceda

абецеда

riječ

реч

tekst

текст

čitati

читати

kreda

креда

sat

час

dnevnik

дневник

ispit

испит

svjedodžba

сведочанство

školska uniforma

школска униформа

obrazovanje

образовање

leksikon

лексикон

sveučilište

универзитет

mikroskop

микроскоп

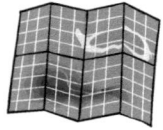

karta

карта

košara za papir

кошара за папир

putovanje
путовање

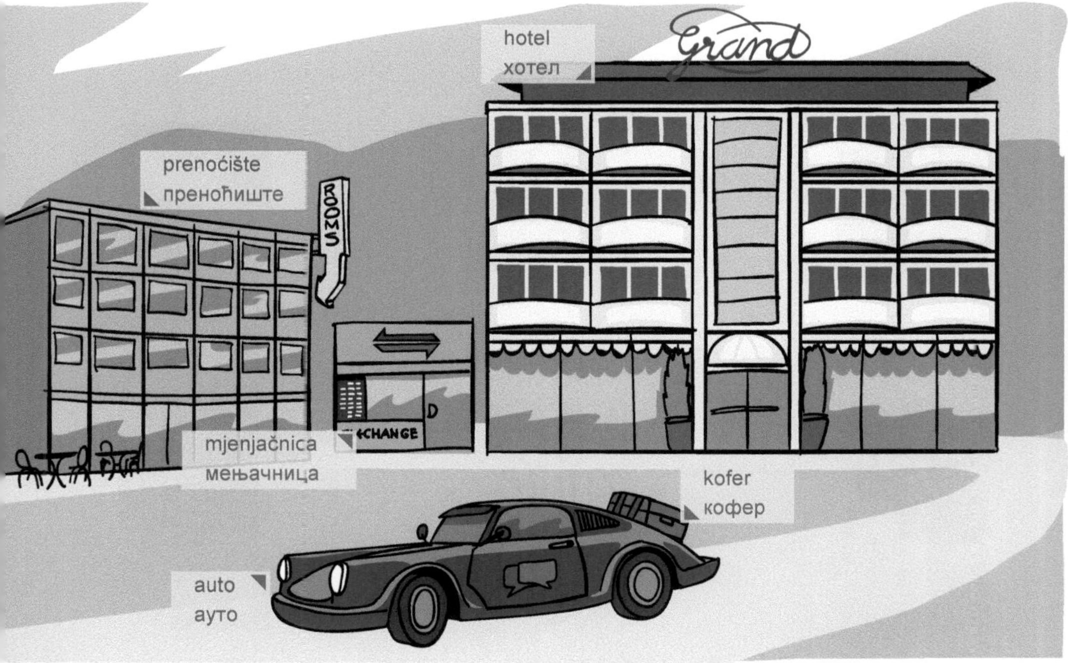
hotel
хотел
Grand
prenoćište
преноћиште
ROOMS
mjenjačnica
мењачница
kofer
кофер
auto
ауто

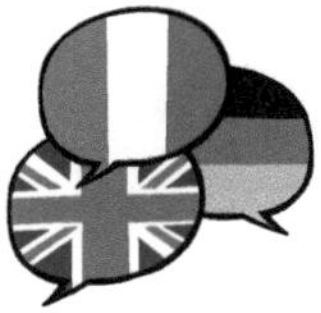

jezik

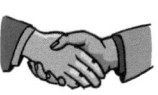

језик

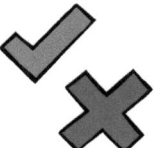

da / ne

да / не

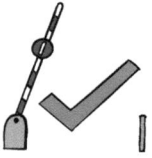

okay

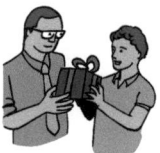

океј

zdravo

здраво

prevoditelj

преводилац

hvala

хвала

Koliko košta...?

Колико кошта...?

ne razumijem

не разумем

problem

проблем

dobro veče!

добро вече!

Dobro jutro!

Добро јутро!

Laku noć!

Лаку ноћ!

doviđenja

довиђења

smjer

смер

prtljaga

пртљага

torba

торба

ruksak

руксак

gost

гост

soba

соба

vreća za spavanje

вређа за спавање

šator

шатор

putovanje - путовање

turističke informacije

туристичке информације

plaža

плажа

kreditna kartica

кредитна картица

doručak

доручак

ručak

ручак

večera

вечера

karta za vožnju

карта за вожњу

dizalo

лифт

poštanska markica

поштанска маркица

granica

граница

carina

царина

ambasada

амбасада

viza

виза

putovnica

пасош

transport
транспорт

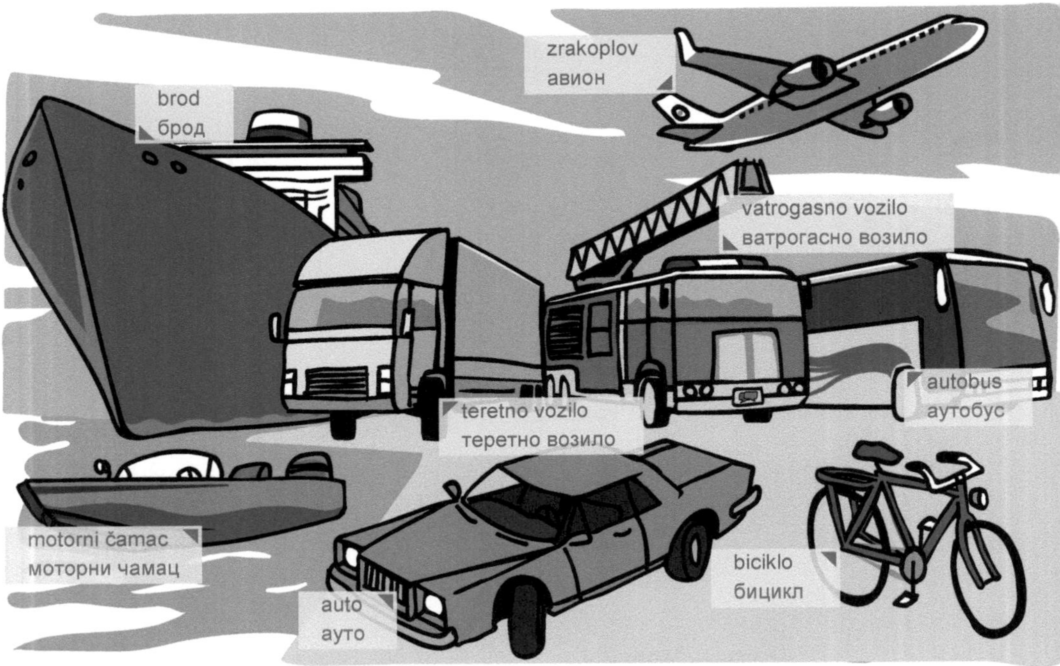
zrakoplov
авион
brod
брод
vatrogasno vozilo
ватрогасно возило
autobus
аутобус
teretno vozilo
теретно возило
motorni čamac
моторни чамац
biciklo
бицикл
auto
ауто

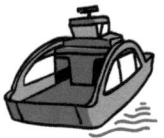

trajekt

трајект

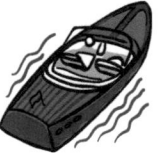

čamac

чамац

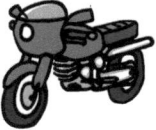

motocikl

мотоцикл

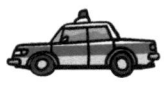

policijski auto

полицијски ауто

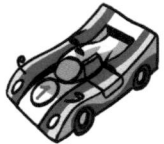

trkaći auto

тркаћи ауто

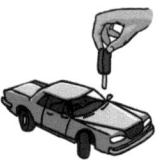

iznajmljeno auto

изнајмљено ауто

dijeljenje automobila

деление аутомобила

vučno vozilo

вучно возило

vozilo za odvoz smeća

возило за одвоз смећа

motor

мотор

benzin

бензин

benzinska postaja

бензинска станица

prometni znak

саобраћајни знак

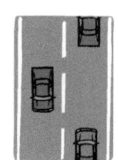

promet

саобраћај

zastoj

застој

parkiralište

паркиралиште

kolodvor

железничка станица

šine

шине

vlak

воз

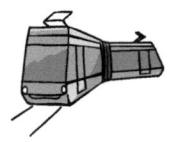

tramvaj

трамвај

vagon

вагон

helikopter

хеликоптер

zrakoplovna luka

аеродром

toranj

кула

putnik

путник

kontejner

контејнер

karton

картон

kolica

колица

košara

корпа

uzletjeti / sletjeti

узлетети / слетети

grad

град

selo

село

centar grada

центар града

kuća

кућа

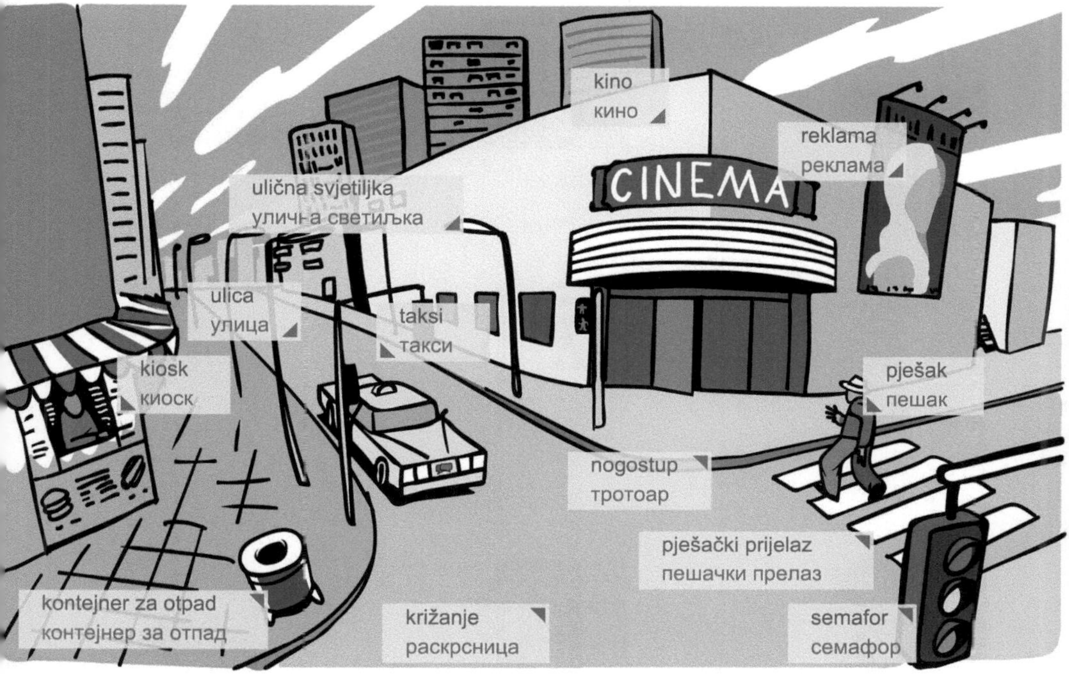
kino
кино
reklama
реклама
CINEMA
ulična svjetiljka
улична светиљка
ulica
улица
taksi
такси
kiosk
киоск
pješak
пешак
nogostup
тротоар
pješački prijelaz
пешачки прелаз
kontejner za otpad
контејнер за отпад
križanje
раскрсница
semafor
семафор

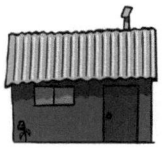

koliba

колиба

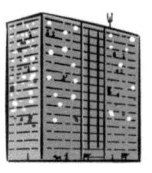

stan

стан

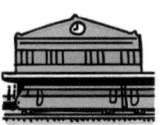

kolodvor

железничка станица

vijećnica

већница

MUSEUM

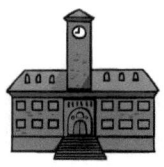

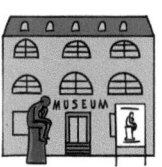

muzej

музеј

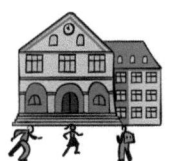

škola

школа

sveučilište
универзитет

banka
банка

bolnica
болница

hotel
хотел

ljekarna
апотека

ured
канцеларија

knjižara
књижара

prodavaonica
продавница

cvjećara
цвећара

supermarket
супермаркет

trg
трг

robna kuća
робна кућа

ribarnica
рибарница

trgovački centar
трговачки центар

luka
лука

park

парк

klupa

клупа

most

мост

stepenice

степенице

podzemna željeznica

подземна железница

tunel

тунел

autobusna stanica

аутобуска станица

bar

бар

restoran

ресторан

poštansko sanduče

поштанско сандуче

ulični znak

улични знак

parkirni sat

паркирни аутомат

zoološki vrt

зоолошки врт

bazen

базен

džamija

џамија

seosko gazdinstvo

сеоско газдинство

zagađenje okoliša

загађење околине

groblje

гробље

crkva

црква

igralište

игралиште

hram

храм

krajolik
пејсаж

list
лист

putokaz
путоказ

put
пут

livada
ливада

kamen
камен

drvo
дрво

šetač
шетач

rijeka
река

trava
трава

cvijet
цвет

dolina

долина

planina

планина

jezero

језеро

šuma

шума

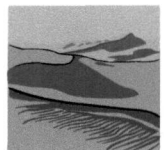

pustinja

пустиња

vulkan

вулкан

dvorac

дворац

duga

дуга

gljiva

гљива

palma

палма

moskito

москито

muha

мува

mrav

мрав

pčela

пчела

pauk

паук

buba
буба

žaba
жаба

vjeverica
веверица

jež
јеж

zec
зец

sova
сова

ptica
птица

labud
лабуд

divlja svinja
дивља свиња

jelen
јелен

los
лос

nasip
насип

vjetrenjača
ветрењача

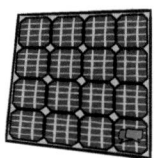

solarna ploča
соларна плоча

klima
клима

konobar
конобар

jelovnik
јеловник

stolica
столица

supa
супа

pica
пица

pribor za jelo
прибор за јело

stolnjak
стољњак

predjelo
предјело

glavno jelo
главно јело

desert
десерт

napitci
напитци

jelo
јело

boca
флаша

fastfood
брза храна

imbis hrana
имбис храна

čajnik
чајник

doza za šećer
доза за шећер

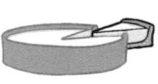

porcija
порција

aparat za espresso
апарат за еспресо

visoka stolica
висока столица

račun
рачун

pladanj
послужавник

nož
нож

vilica
виљушка

žlica
кашика

čajna žlica
чајна кашика

ubrus
салвета

čaša
чаша

tanjur
тањир

tanjur za supu
тањир за супу

tanjurić
тањирић

sos
сос

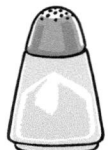

soljenka
сољенка

mlin za biber
млин за бибер

ocat
сирће

ulje
уље

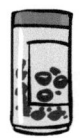

začini
зачини

kečap
кечап

senf
сенф

majoneza
мајонеза

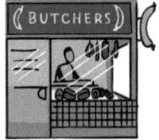

supermarket

супермаркет

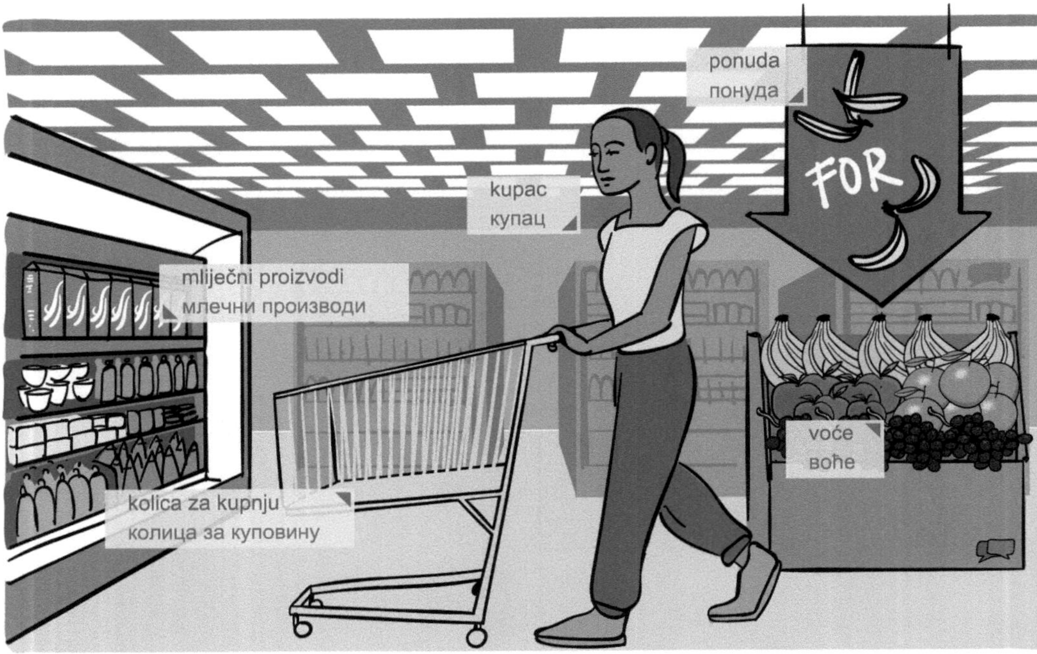
ponuda
понуда
FOR
kupac
купац
mliječni proizvodi
млечни производи
voće
воће
kolica za kupnju
колица за куповину

BUTCHERS

mesnica

месница

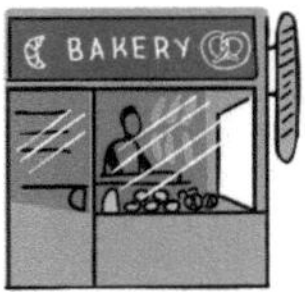
BAKERY

pekarnica

пекара

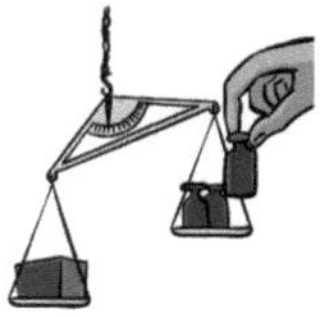

vagati

вагати

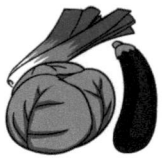

povrće

поврће

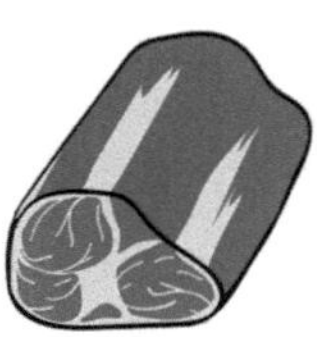

meso

месо

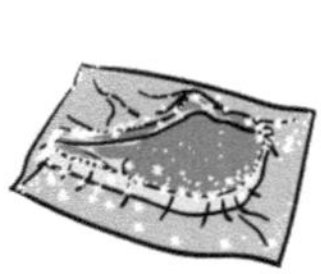

duboko smrznuta hrana

смрзнута храна

narezak

нарезак

konzerve

конзерве

sredstvo za pranje

средство за прање

slatkiši

слаткиши

artikli za domaćinstvo

артикли за домаћинство

sredstva za čišćenje

средства за чишћење

prodavačica

продавачица

blagajna

благајна

blagajnik

благајник

lista za kupnju

листа за куповину

vrijeme rada

време рада

novčanik

новчаник

kreditna kartica

кредитна картица

torba

торба

plastična vrećica

пластична кеса

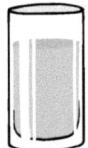

voda

вода

sok

сок

mlijeko

млеко

cola

кола

vino

вино

pivo

пиво

alkohol

алкохол

kakao

какао

čaj

чај

kava

кава

espresso

еспресо

cappuccino

капучино

banana

банана

jabuka

јабука

naranča

наранџа

lubenica

лубеница

limun

лимун

mrkva

шаргарепа

češnjak

бели лук

bambus

бамбус

luk

лук

gljiva

гљива

orašasti plodovi

орашасти плодови

rezanci

резанци

špagete

шпагете

riža

рижа

salata

салата

pomfrit

помфрит

pečeni krumpir

печени крумпир

pica

пица

hamburger

хамбургер

sendvič

сендвич

šnicla

шницла

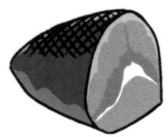

pršut

шунка

salama

салама

kobasica

кобасица

kokoš

кокош

pečenje

печење

riba

риба

zobene pahuljice

зобене пахуљице

musli

мусли

kukuruzne pahuljice

кукурузне пахуљице

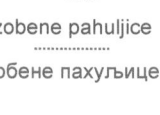

brašno

брашно

roščić

кроасан

pecivo

пециво

kruh

хлеб

toast

тоаст

keksi

кекси

maslac

маслац

svježi sir

свежи сир

kolač

колач

jaje

jaje

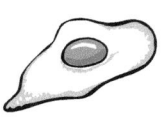

jaje na oko

jaje на око

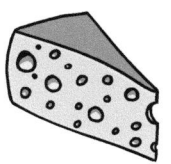

sir

сир

sladoled

сладолед

šećer

шећер

med

мед

marmelada

мармелада

nugat krema

нугат крема

curry

кари

seosko gazdinstvo

сеоско газдинство

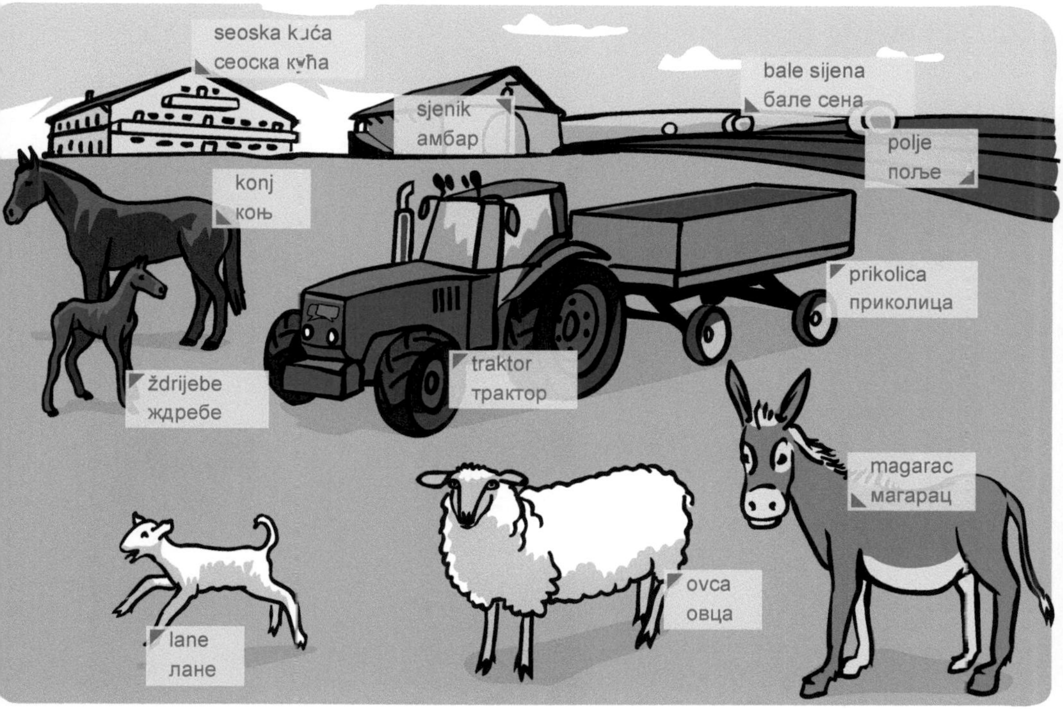
seoska kuća
сеоска кућа
sjenik
амбар
bale sijena
бале сена
polje
поље
konj
коњ
prikolica
приколица
traktor
трактор
ždrijebe
ждребе
magarac
магарац
ovca
овца
lane
лане

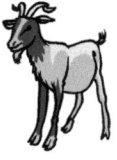

koza

коза

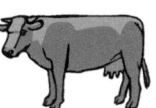

krava

крава

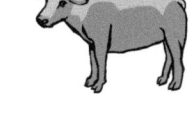

tele

теле

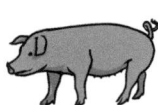

svinja

свиња

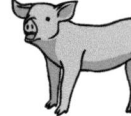

prase

прасе

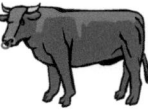

bik

бик

guska

гуска

patka

патка

pilići

пилићи

kokoš

кокош

pijetao

петао

pacov

пацов

mačka

мачка

miš

миш

vol

вол

pas

пас

kućica za psa

кућица за пса

vrtno crijevo

вртно црево

kanta za polijevanje

канта за поливање

kosa

коса

plug

плуг

srp

срп

motika

мотика

vilica za gnojivo

виљушка за ђубриво

sjekira

секира

tačke

тачке

korito

корито

posuda za mlijeko

посуда за млеко

vreća

вређа

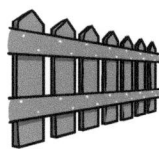

ograda

ограда

štala

штала

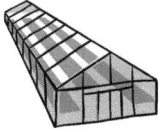

staklenik

стакленик

zemlja

земља

sjeme

семе

gnojivo

ђубриво

kombajn

комбајн

žanjati

жети

žetva

жетва

yams začin

јамс зачин

pšenica

пшеница

soja

соја

krumpir

крумпир

kukuruz

кукуруз

uljana repica

уљана репица

voćka

воћка

gomolj manioke

гомољ маниоке

žitarice

житарице

kuća

кућа

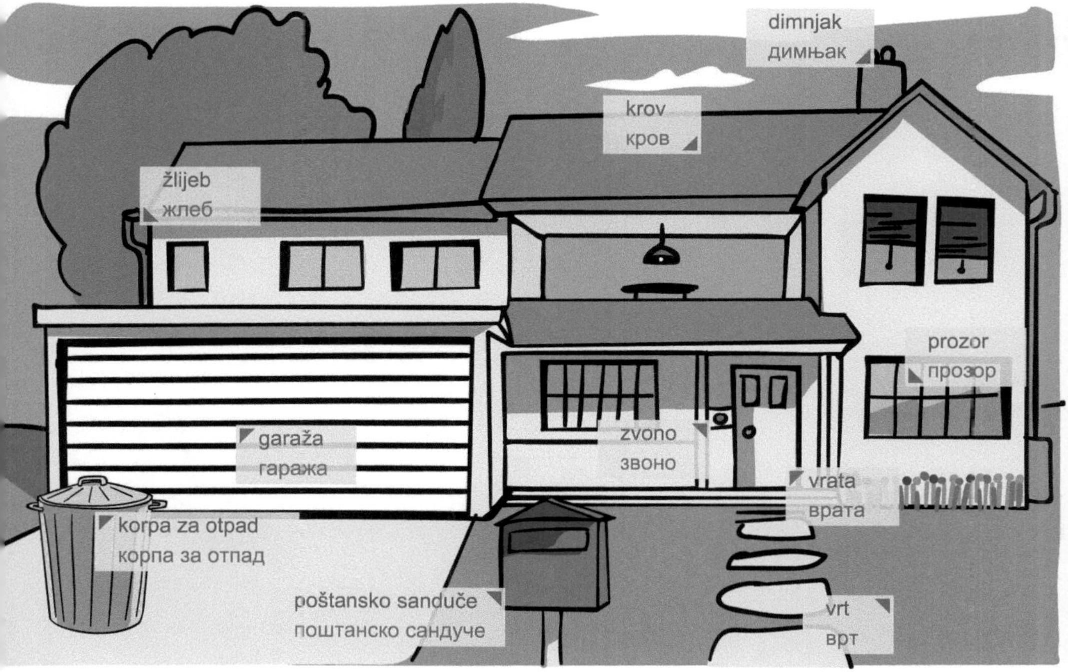
dimnjak
димњак
krov
кров
žlijeb
жлеб
prozor
прозор
garaža
гаража
zvono
звоно
vrata
врата
korpa za otpad
корпа за отпад
poštansko sanduče
поштанско сандуче
vrt
врт

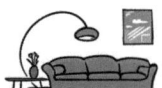

dnevna soba

дневна соба

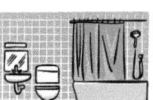

kupaonica

купаоница

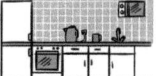

kuhinja

кухиња

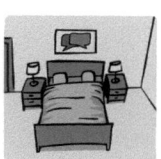

spavaća soba

спаваћа соба

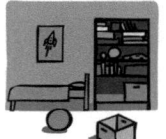

dječija soba

дечија соба

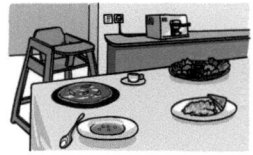

trpezarija

трпезарија

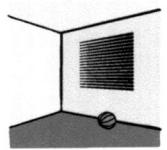

pod

под

zid

зид

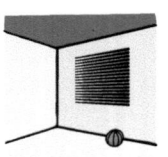

strop

строп

podrum

подрум

sauna

сауна

balkon

балкон

terasa

тераса

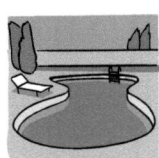

bazen

базен

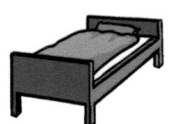

kosilica za travu

косилица за траву

posteljina za krevet

постељина за кревет

deka za krevet

дека за кревет

krevet

кревет

metla

метла

kanta

канта

sklopka

прекидач

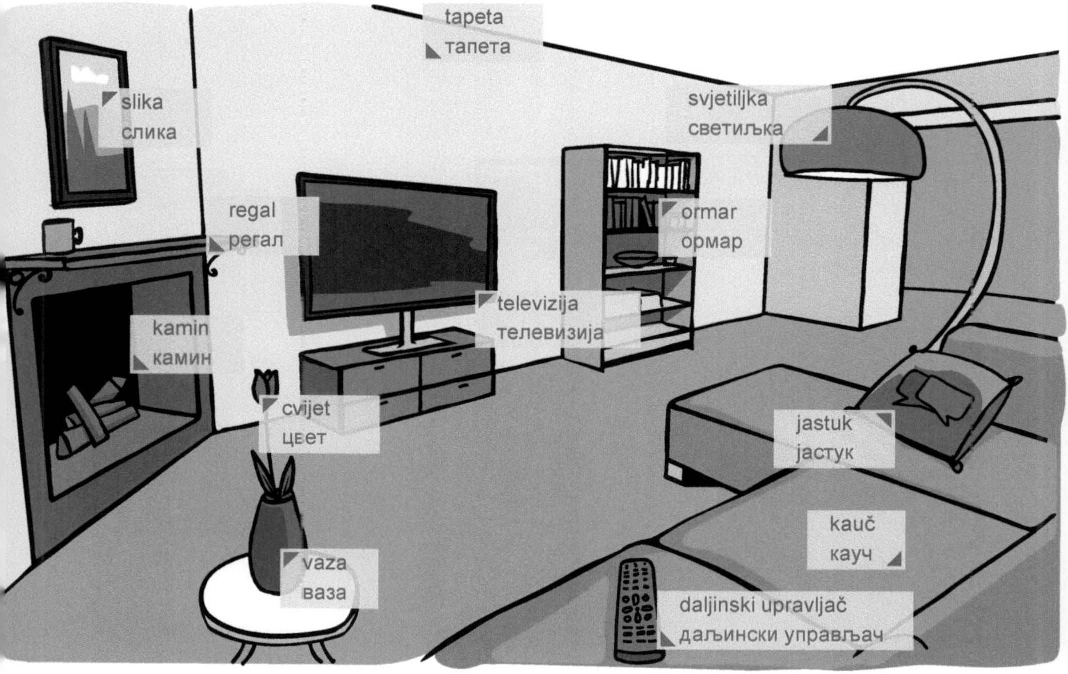

tapeta
тапета

slika
слика

svjetiljka
светиљка

regal
регал

ormar
ормар

kamin
камин

televizija
телевизија

cvijet
цвет

jastuk
јастук

kauč
кауч

vaza
ваза

daljinski upravljač
даљински управљач

tepih
тепих

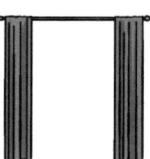

zavjesa
завеса

stol
сто

stolica
столица

stolica za njihanje
столица за њихање

fotelja
фотеља

knjiga

књига

deka

дека

dekoracija

декорација

drvo za ogrjev

дрво за огрев

film

филм

stereo uređaj

хи-фи уређај

ključ

кључ

novine

новине

slika na platnu

слика на платну

poster

постер

radio

радио

blok za pisanje

блок за писање

usisavač

усисивач

kaktus

кактус

svijeća

свећа

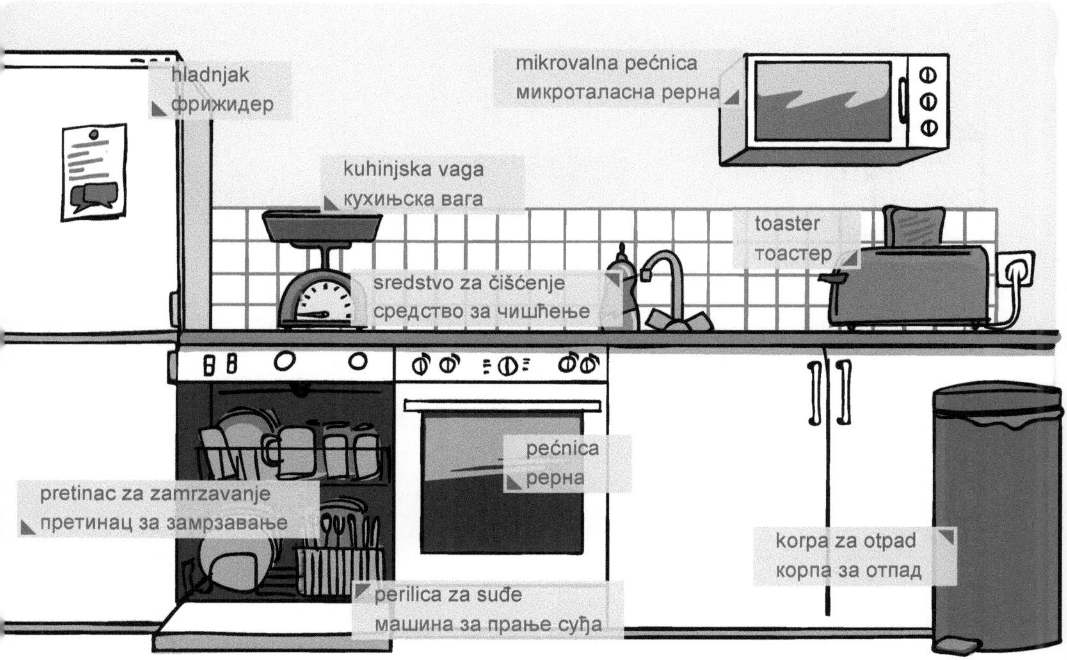

hladnjak
фрижидер

mikrovalna pećnica
микроталасна рерна

kuhinjska vaga
кухињска вага

sredstvo za čišćenje
средство за чишћење

toaster
тоастер

pretinac za zamrzavanje
претинац за замрзавање

pećnica
рерна

korpa za otpad
корпа за отпад

perilica za suđe
машина за прање суђа

štednjak
......
шпорет

lonac
......
лонац

željezni lonac
......
гвоздени лонац

wok / kadai
......
вок / кадаи

tava
......
тава

kuhalo za vodu
......
кувало за воду

kuhalo na paru

кувало на пару

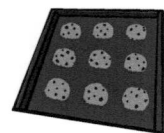

lim za pečenje

лим за печење

posuđe

посуђе

čaša

чаша

zdjela

посуда

štapići za jelo

штапићи за јело

kutljača

кутлача

lopatica

лопатица

pjenjača

пењача

sito za kuhanje

сито за кување

sito

сито

ribež

рибеж

mužar

мужар

roštilj

роштиљ

ognjište

огњиште

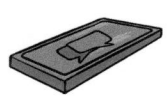

daska
даска

oklagija
оклагија

vadičep
вадичеп

konzerva
конзерва

otvarač konzervi
отварач конзерви

krpa za lonac
крпа за лонац

sudoper
судопер

četka
четка

spužva
сунђер

mikser
миксер

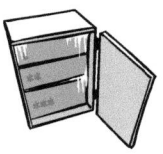

zamrzivač
замрзивач

bočica za bebe
флашица за бебе

slavina za vodu
славина за воду

kupaonica
купаоница

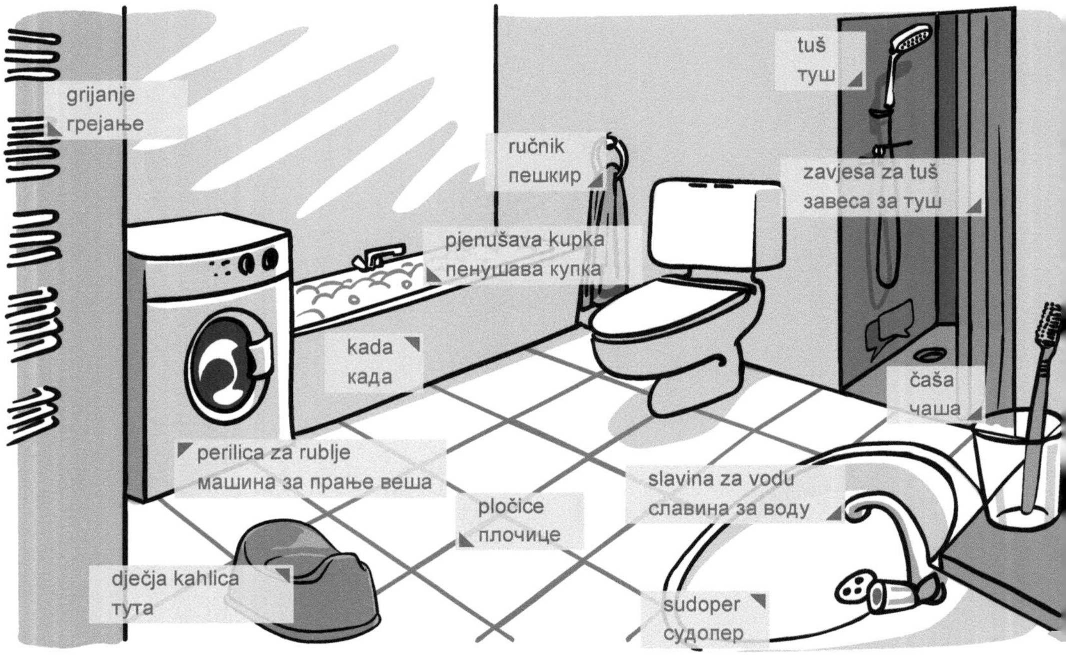

grijanje
грејање
ručnik
пешкир
tuš
туш
zavjesa za tuš
завеса за туш
pjenušava kupka
пенушава купка
kada
када
čaša
чаша
perilica za rublje
машина за прање веша
slavina za vodu
славина за воду
pločice
плочице
dječja kahlica
тута
sudoper
судопер

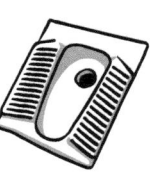

toalet
тоалет

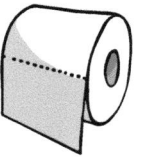

čučavac
чучавац

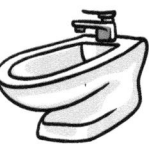

bidet
бидет

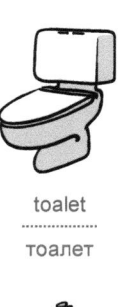

pisoar
писоар

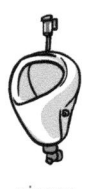

papir za toalet
тоалетни папир

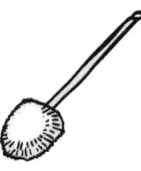

četka za toalet
четка за тоалет

četkica za zube

четкица за зубе

pasta za zube

паста за зубе

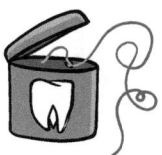

konac za zube

конац за зубе

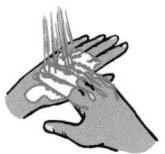

prati

прати

tuš ručica

туш ручица

tuš za pranje intimnih dijelova

туш за прање интимних делова

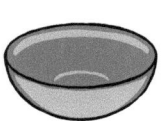

lavor

лавор

četka za pranje leđa

четка за прање леђа

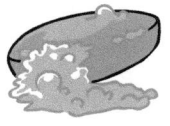

sapun

сапун

gel za tuširanje

гел за туширање

šampon

шампон

krpa za pranje

крпа за прање

odvod

одвод

krema

крема

dezodorans

дезодоранс

ogledalo

огледало

kozmetičko ogledalo

козметичко огледало

brijač

бријач

pjena za brijanje

пена за бријање

losion za poslije brijanja

лосион за после бријања

češalj

чешаљ

četka

четка

sušilo za kosu

фен за косу

sprej za kosu

спреј за косу

makeup

шминка

ruž za usne

руж за усне

lak za nokte

лак за нокте

vata

вата

škare za nokte

маказе за нокте

parfem

парфем

neseser

козметичка торбица

stolica

столица

vaga

вага

ogrtač

огртач

rukavice za čišćenje

рукавице за чишћење

tampon

тампон

uložak

уложак

kemijski toalet

хемијски тоалет

dječija soba

дечија соба

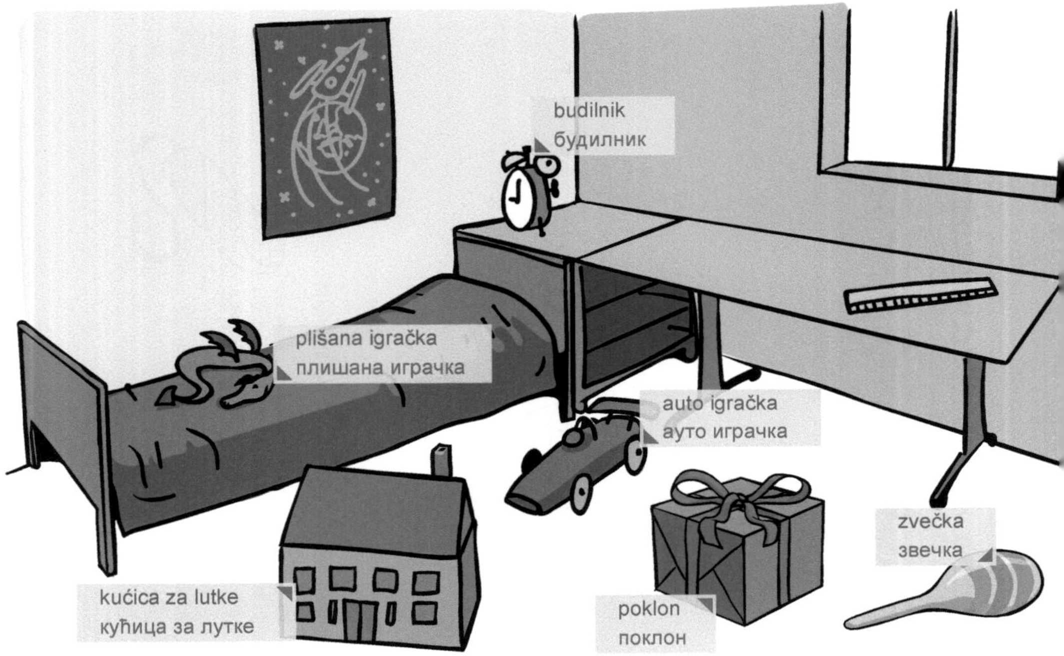
budilnik
будилник
plišana igračka
плишана играчка
auto igračka
ауто играчка
zvečka
звечка
kućica za lutke
кућица за лутке
poklon
поклон

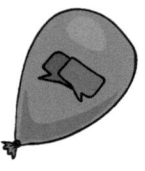

balon

балон

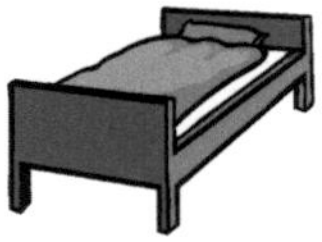

krevet

кревет

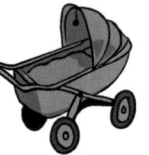

dječija kolica

дјечија колица

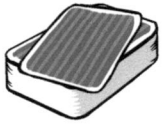

igra s kartama

игра са картама

slagalica

слагалица

SUPER
MEGA

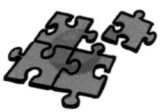

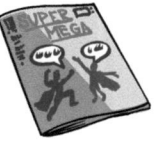

strip

стрип

lego kockice

лего коцкице

kockice za slaganje

коцкице за слагање

akcioni junak

акциони јунак

kombinezon za bebe

бенкица за бебе

frizbi

фризби

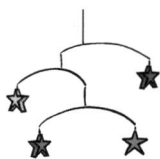

viseće igračke

висеће играчке

društvene igre

друштвене игре

kocka

коцка

minijaturna željeznica

минијатурна жељезница

duda

дуда

tulum

забава

slikovnica

сликовница

lopta

лопта

lutka

лутка

igrati

играти

pješčanik
....
пешчаник

ljuljačka
....
љуљачка

igračka
....
играчка

konzola za igre
....
конзола за игре

tricikl
....
трицикл

plišani medo
....
теди

ormar
....
ормар

odjeća
одећа

kratke čarape
....
кратке чарапе

čarape
....
чарапе

hulahopke
....
хулахопке

šal
шал

kišobran
кишобран

t-shirt
мајица

kaiš
каиш

čizme
чизме

papuče
папуче

patike
патике

sandale
сандале

cipele
ципеле

gumene čizme
гумене чизме

gaćice
гаћице

grudnjak
грудњак

potkošulja
поткошуља

odjeća - одећа

bodi

боди

hlače

панталоне

džins

фармерке

haljina

сукња

bluza

блуза

košulja

кошуља

džemper

џемпер

pulover s kapuljačom

џемпер с капуљачом

blejzer

сако

jakna

јакна

kaput

мантил

kabanica

кабаница

kostim

костим

haljina

хаљина

vjenčanica

венчаница

odijelo

одело

spavaćica

спаваћица

pidžama

пиџама

sari

сари

rubac

марама за главу

turban

турбан

burka

бурка

kaftan

кафтан

abaja

абаја

kupaći kostim

купаћи костим

kupaće gaćice

купаће гаћице

kratke hlače

кратке панталоне

odjeća za trening

одећа за тренинг

pregača

кецеља

rukavice

рукавице

gumb

дугме

naočale

наочаре

narukvica

наруквица

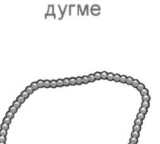

ogrlica

огрлица

prsten

прстен

naušnica

наушница

kapa

капа

vješalica

вешалица

šešir

шешир

kravata

краватa

patent zatvarač

патент затварач

kaciga

кацига

naramenice

нараменице

školska uniforma

школска униформа

uniforma

униформа

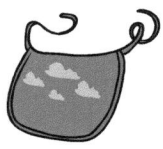

podbradak

подбрадак

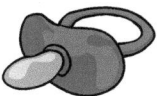

duda

дуда

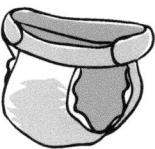

pelena

пелена

ured

канцеларија

server
сервер
ormar za spise
ормар за списе
pisač
штампач
papir
папир
monitor
монитор
miš
миш
pisaći stol
писаћи сто
mapa
мапа
tipkovnica
тастатура
košara za papir
кошара за папир
računar
компјутер
stolica
столица

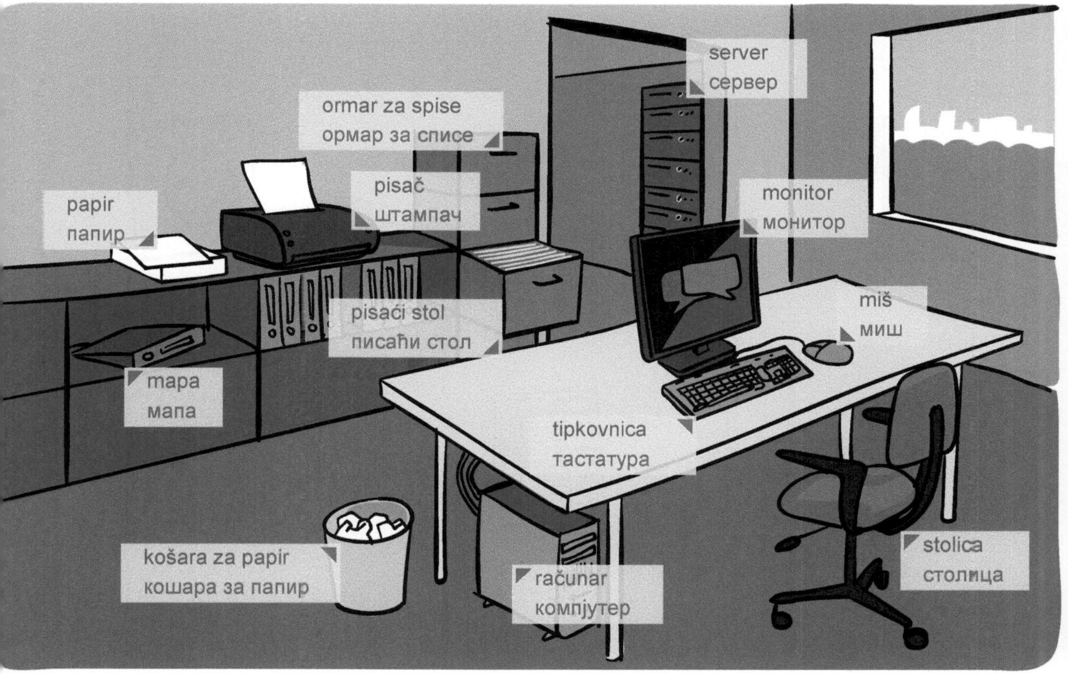

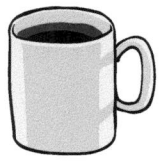

šalica za kavu

шалица за каву

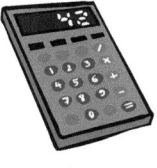

kalkulator

калкулатор

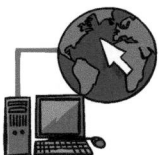

internet

интернет

laptop

лаптоп

pismo

писмо

poruka

порука

mobilni telefon

мобилни телефон

mreža

мрежа

uređaj za kopiranje

уређај за копирање

softver

софтвер

telefon

телефон

utičnica

утичница

faks

факс

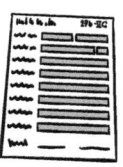

obrazac

формулар

dokument

документ

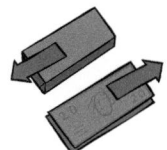

kupovati
куповати

platiti
платити

trgovati
трговати

novac
новац

dolar
долар

euro
евро

jen
јен

rubalj
рубља

švicarski franak
швајцарски франак

renmindbi yuan
ренминдби јуан

rupija
рупија

automat za novac
аутомат за новац

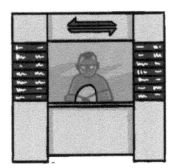

mjenjačnica

мењачница

zlato

злато

srebro

сребро

nafta

нафта

energija

енергија

cijena

цена

ugovor

уговор

porez

порез

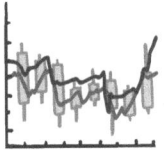

dionica

деонице

raditi

радити

službenik

службеник

poslodavac

послодавац

tvornica

фабрика

prodavaonica

продавница

zanimanja
занимања

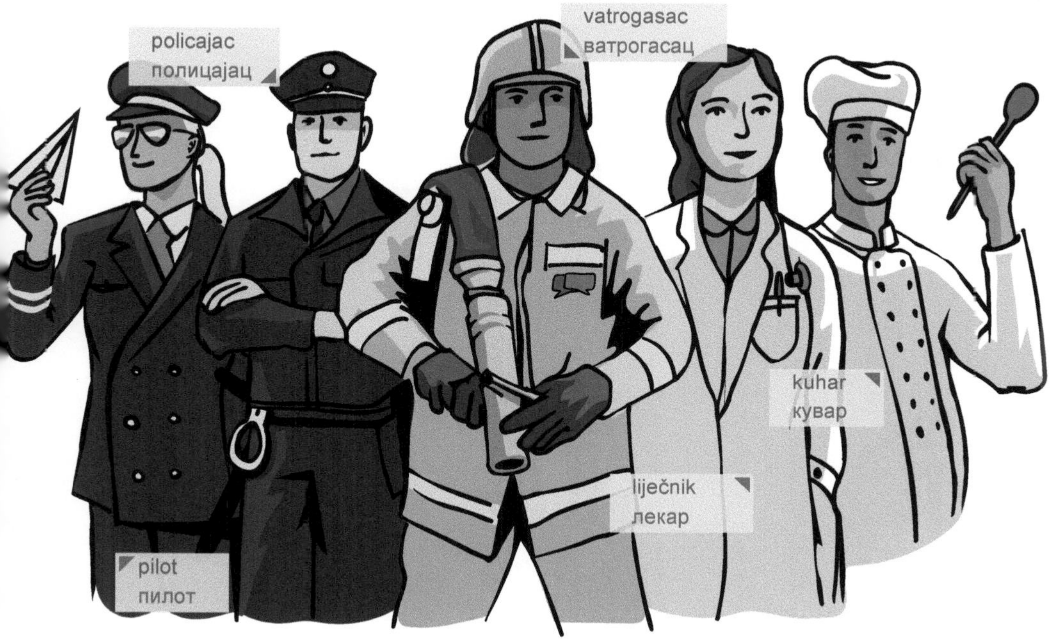
policajac
полицајац
vatrogasac
ватрогасац
kuhar
кувар
liječnik
лекар
pilot
пилот

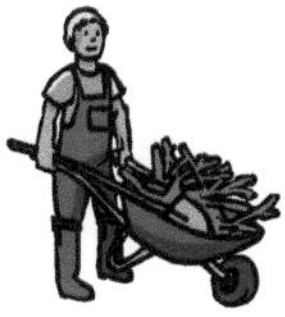

vrtlar

вртлар

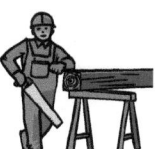

stolar

столар

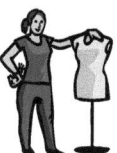

krojačica

кројачица

sudija

судија

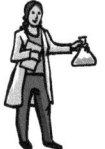

kemičar

хемичар

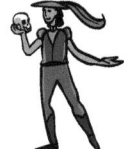

glumac

глумац

vozač autobusa

возач аутобуса

vozač taksija

возач таксија

ribar

рибар

čistačica

чистачица

krovopokrivač

кровопокривач

konobar

конобар

lovac

ловац

slikar

сликар

pekar

пекар

električar

електричар

građevinski radnik

грађевински радник

inženjer

инжењер

mesar

месар

limar

лимар

poštar

поштар

vojnik

војник

arhitekta

архитекта

blagajnik

благајник

cvjećar

цвећар

frizer

фризер

kondukter

кондуктер

mehaničar

механичар

kapetan

капетан

zubar

зубар

znanstvenik

научник

rabi

раби

imam

имам

monah

монах

svećenik

свећеник

alati

алати

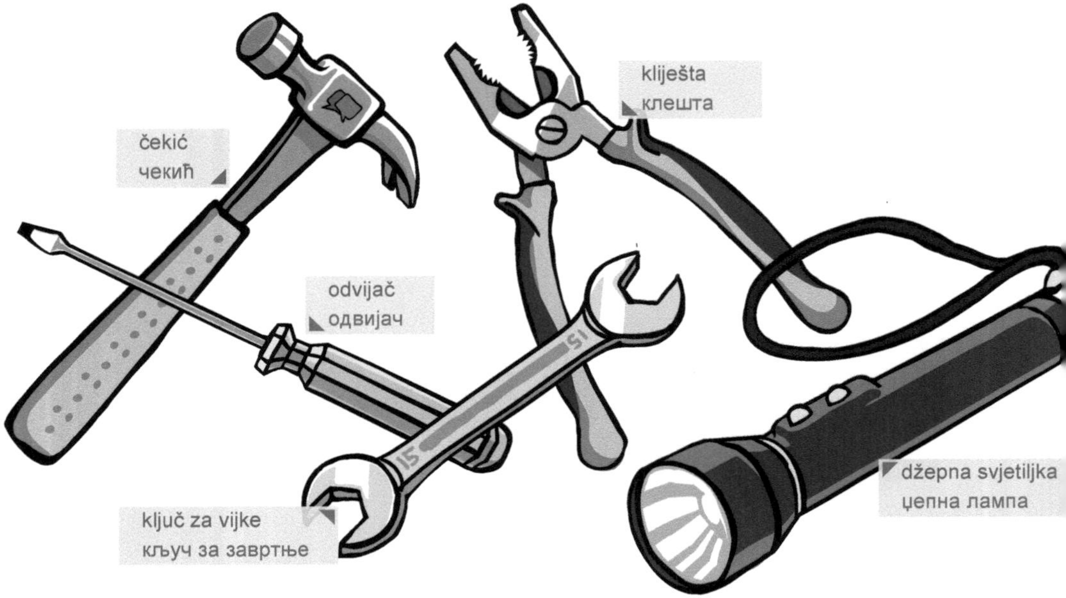

čekić
чекић
kliješta
клешта
odvijač
одвијач
džepna svjetiljka
џепна лампа
ključ za vijke
кључ за завртње

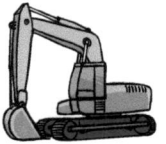

rovokopač

багер

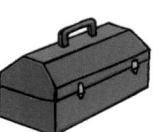

kutija za alat

кутија за алат

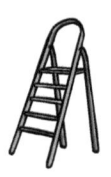

ljestve

мердевине

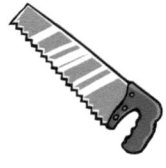

pila

пила

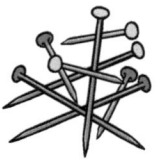

ekser

ексер

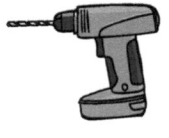

bušilica

бушилица

popraviti

поправити

lopata

лопата

Sranje!

до ђавола!

lopatica

лопатица

lonac za boju

лонац за боју

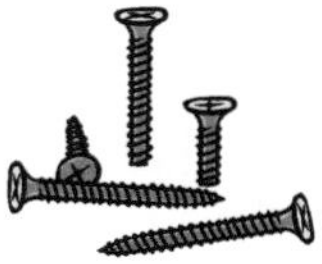

vijci

завртањи

glazbeni instrument

музички инструмент

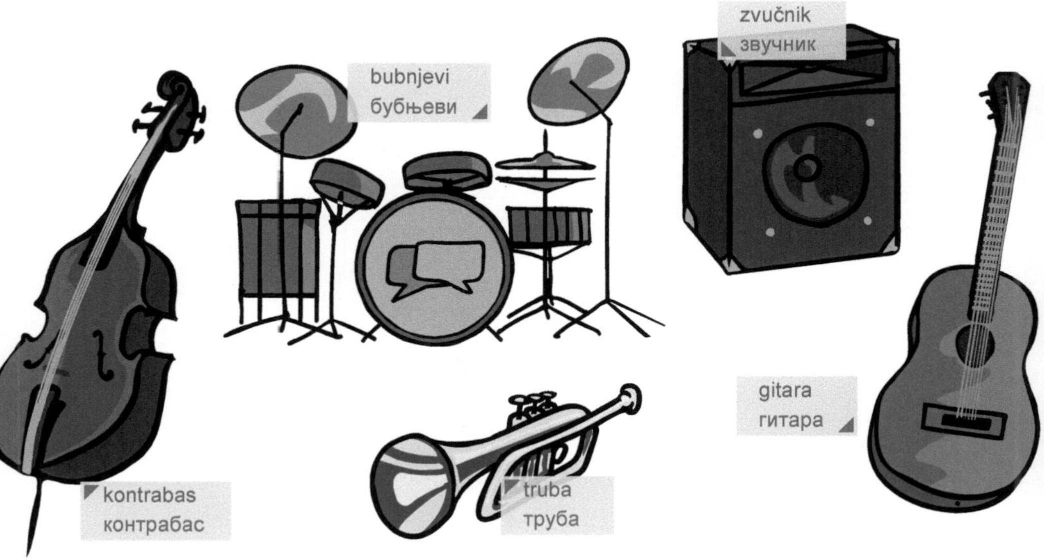

bubnjevi
бубњеви

zvučnik
звучник

kontrabas
контрабас

truba
труба

gitara
гитара

klavir

клавир

violina

виолина

bas

бас

timpani

тимпани

udaraljke za bubnjeve

удараљке за бубњеве

keyboard

типке клавира

saksofon

саксофон

flauta

флаута

mikrofon

микрофон

zoološki vrt
зоолошки врт

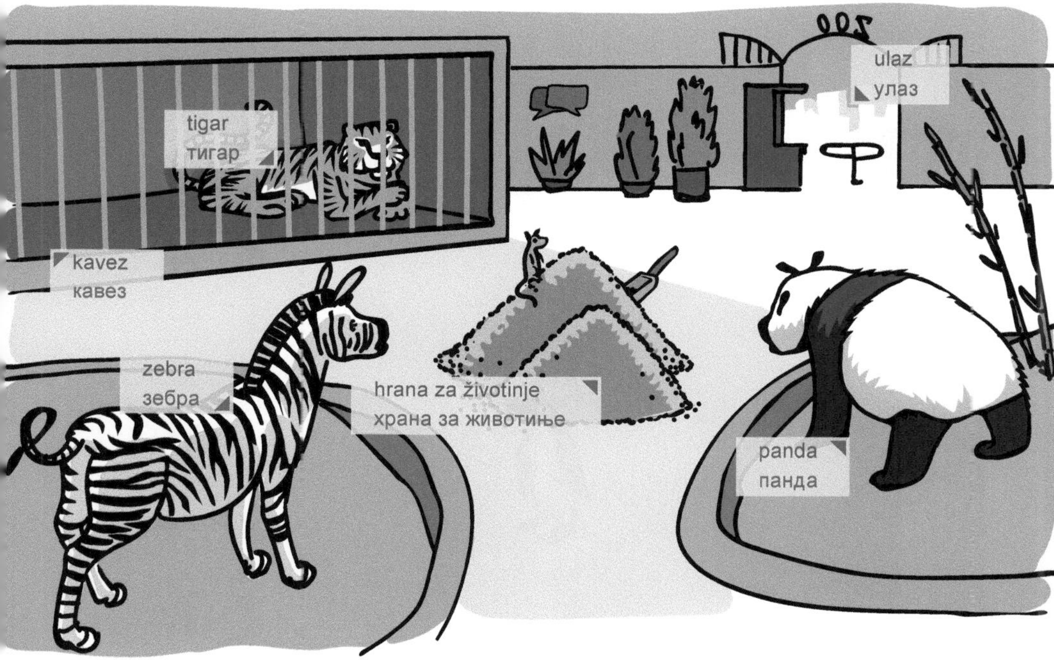

ulaz
улаз
tigar
тигар
kavez
кавез
zebra
зебра
hrana za životinje
храна за животиње
panda
панда

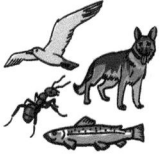

životinje

животиње

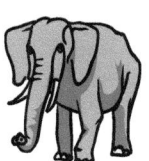

slon

слон

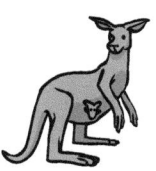

kengur

кенгур

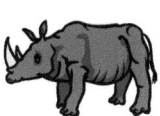

nosorog

носорог

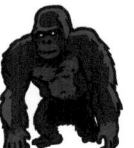

gorila

горила

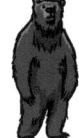

medvjed

медвед

kamila

камила

noj

ној

lav

лав

majmun

мајмун

flamingo

фламинго

papagaj

папагај

polarni medvjed

поларни медвед

pingvin

пингвин

ajkula

ајкула

paun

паун

zmija

змија

krokodil

крокодил

čuvar u zoološkom vrtu

чувар у зоолошком врту

tuljan

туљан

jaguar

јагуар

poni

пони

leopard

леопард

nilski konj

нилски коњ

žirafa

жирафа

orao

орао

divlja svinja

дивља свиња

riba

риба

kornjača

корњача

morž

морж

lisica

лисица

gazela

газела

américki nogomet
амерички ногомет

biciklizam
бициклизам

tenis
тенис

košarka
кошарка

plivanje
пливање

boks
бокс

hockey na ledu
хокеј на леду

nogomet
фудбал

badminton
бадминтон

atletika
атлетика

rukomet
рукомет

skijanje
скијање

polo
поло

aktivnosti
активности

skočiti
скочити
smijati se
смејати се
zagrliti
загрлити
ići
ићи
pjevati
певати
sanjati
сањати
moliti se
молити се
poljubiti
пољубити

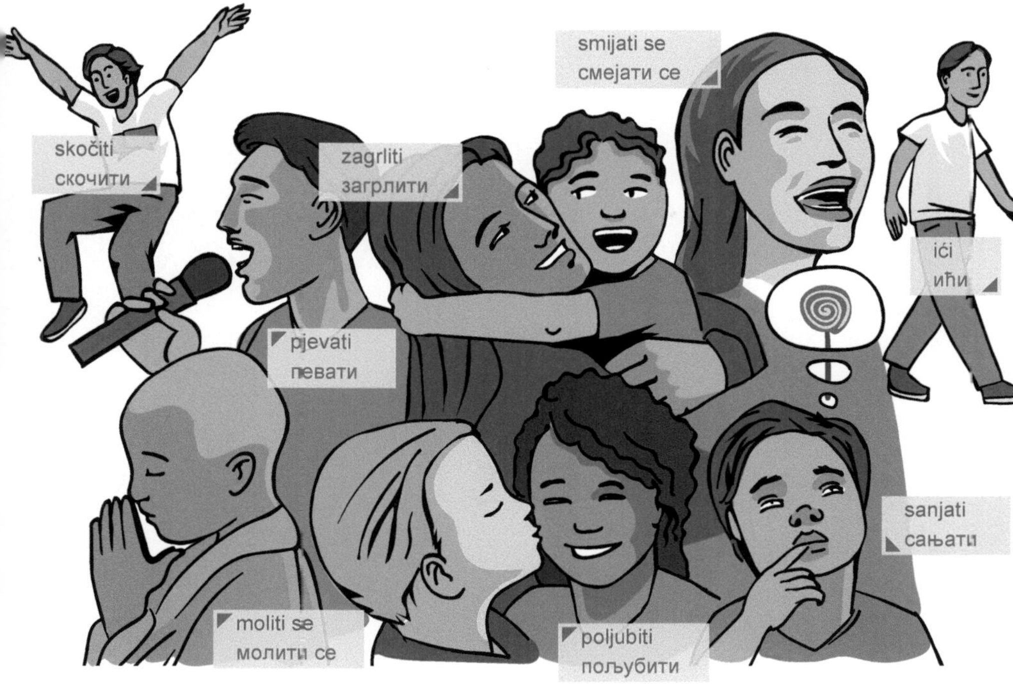

pisati

писати

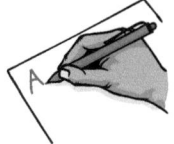

crtati

цртати

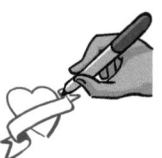

pokazati

показати

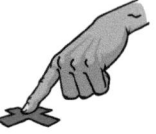

gurati

гурати

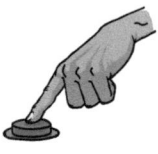

dati

дати

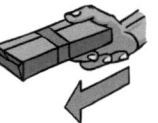

uzeti

узети

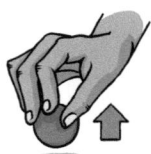

imati
имати

činiti
чинити

biti
бити

stojati
стојати

trčati
трчати

povlačiti
повлачити

baciti
бацити

padati
падати

ležati
лежати

čekati
чекати

nositi
носити

sjediti
седити

oblačiti
облачити

spavati
спавати

probuditi se
пробудити се

gledati

гледати

plakati

плакати

milovati

миловати

češljati

чешљати

govoriti

говорити

razumjeti

разумети

pitati

питати

slušati

слушати

piti

пити

jesti

јести

pospremiti

поспремити

voljeti

волети

kuhati

кухати

voziti

возити

letjeti

летети

ploviti

пловити

računati

рачунати

čitati

читати

učiti

учити

raditi

радити

vjenčati se

венчати се

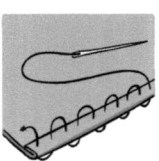

šiti

шити

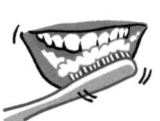

prati zube

прати зубе

ubiti

убити

pušiti

пушити

poslati

послати

baka
бака

beba
беба

djed
деда

majka
мајка

otac
отац

kćerka
кћерка

sin
син

gost

гост

tetka

тетка

ujak, stric

ујак, стриц

brat

брат

sestra

сестра

tijelo

тело

čelo
чело
oko
око
rame
раме
prst
прст
lice
лице
brada
брада
ruka
рука
noga
нога
grudi
груди
ruka
рука

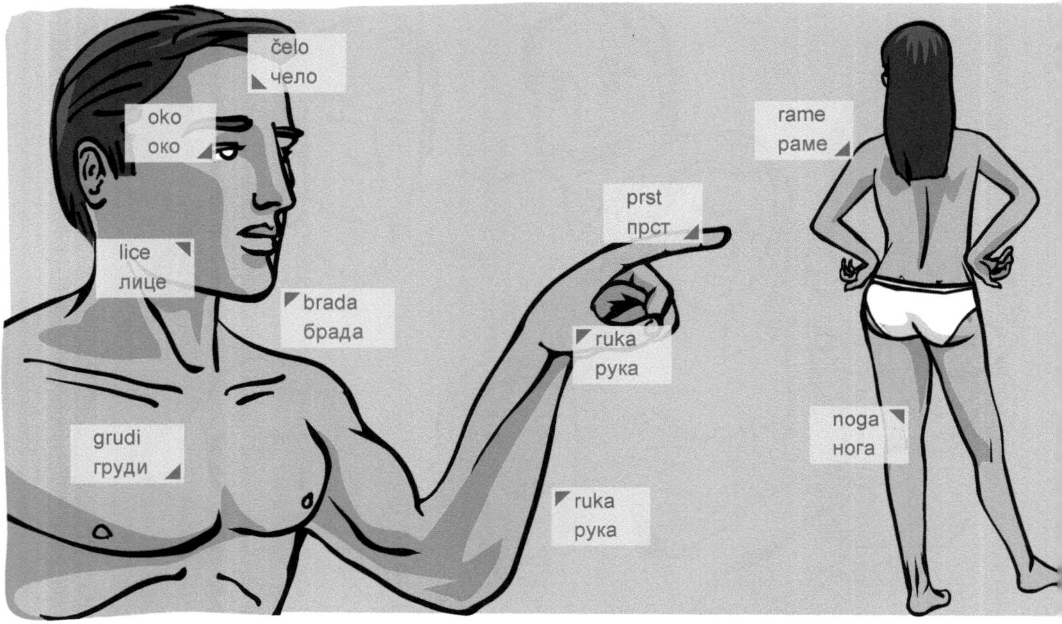

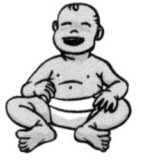

beba
беба

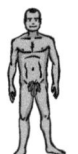

muškarac
мушкарац

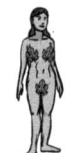

žena
жена

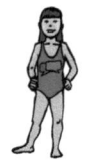

djevojčica
девојчица

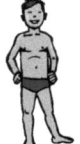

dječak
дечак

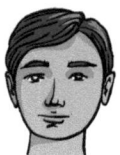

glava
глава

leđa
леђа

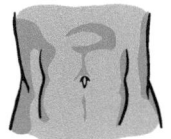

trbuh
стомак

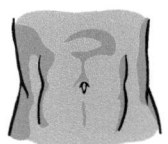

pupak
пупак

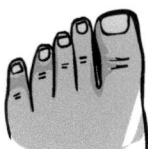

nožni prst
ножни прст

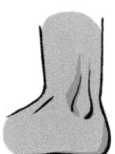

peta
пета

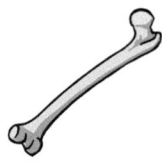

kost
кост

kuk
кукови

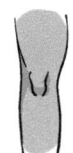

koljeno
колено

lakat
лакат

nos
нос

stražnjica
задњица

koža
кожа

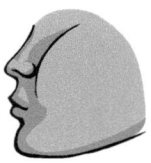

obraz
образ

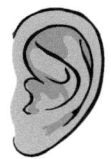

uho
уво

usna
усна

tijelo - тело

usta

уста

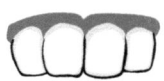

zub

зуб

jezik

језик

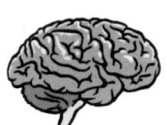

mozak

мозак

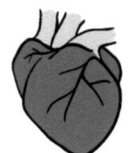

srce

срце

mišić

мишић

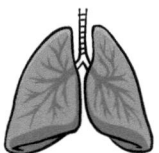

pluća

плућа

jetra

јетра

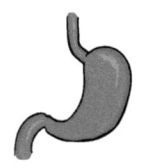

želudac

желудац

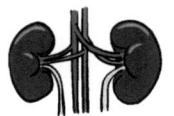

bubrezi

бубрези

snošaj

полни однос

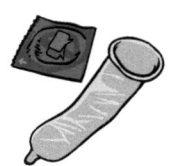

kondom

кондом

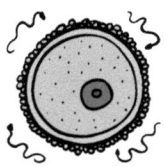

jajna stanica

јајна ћелија

sperma

сперма

trudnoća

трудноћа

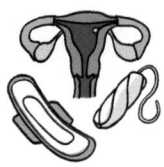

menstruacija

менструација

vagina

вагина

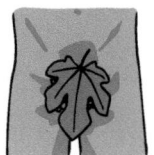

penis

пенис

obrva

обрва

kosa

коса

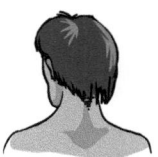

vrat

врат

bolnica
болница

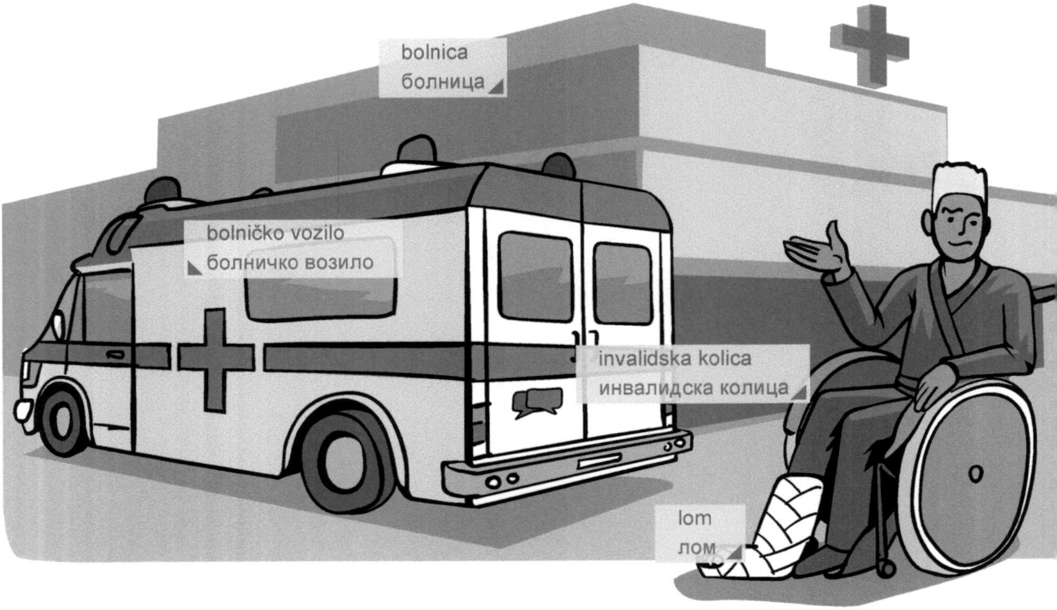

bolnica
болница
bolničko vozilo
болничко возило
invalidska kolica
инвалидска колица
lom
лом

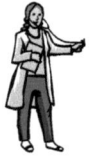

liječnik

лекар

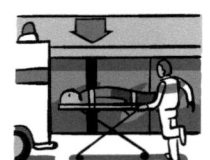

hitna medicinska služba

хитна медицинска служба

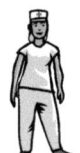

medicinska sestra

медицинска сестра

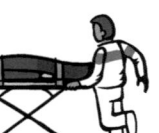

hitni slučaj

хитни случај

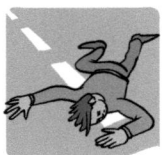

nesvijest

несвест

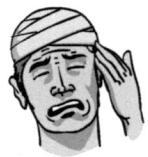

bol

бол

ozljeda

повреда

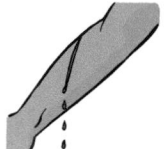

krvarenje

крварење

srćani infarkt

срчани удар

moždani udar

удар

alergija

алергија

kašalj

кашаљ

groznica

грозница

gripa

грипа

proljev

пролив

glavobolja

главобоља

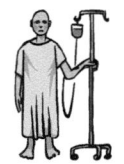

rak

рак

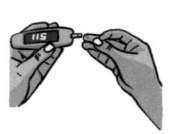

dijabetes

дијабетес

kirurg

хирург

skalpel

скалпел

operacija

операција

bolnica - болница

ct

цт

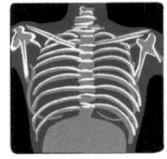

rentgen

рентген

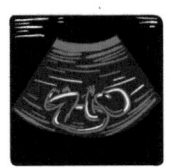

ultrazvuk

ултразвук

maska

маска

bolest

болест

čekaonica

чекаона

štaka

штака

flaster

фластер

zavoj

завој

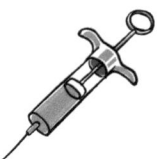

injekcija

ињекција

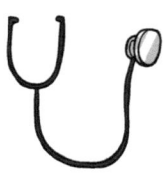

stetoskop

стетоскоп

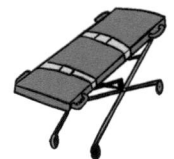

nosilo

носила

termometar

термометар

rođenje

рођење

prekomjerna težina

прекомерна тежина

slušni aparat

слушни апарат

sredstvo za dezinfekciju

средство за дезинфекцију

infekcija

инфекција

virus

вирус

hiv / sida

хив / аидс

medicina

медицина

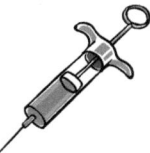

vakcinacija

вакцинација

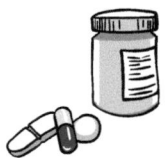

tablete

таблете

pilula

пилула

poziv u pomoć

хитни позив

uređaj za mjerenje tlaka

уређај за мерење
притиска

bolesno / zdravo

болесно / здраво

pomoć!

помоћ!

alarm

аларм

nasrtaj

насртај

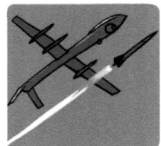

napad

напад

opasnost

опасност

izlaz za nuždu

излаз у случају нужде

požar!

пожар!

vatrogasni aparat

противпожарни апарат

nezgoda

незгода

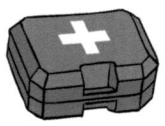

kofer prve pomoći

кутија прве помоћи

sos

сос

policija

полиција

Europa

Европа

sjeverna amerika

Северна Америка

južna amerika

Јужна Америка

Afrika

Африка

Azija

Азија

Australija

Аустралија

Atlantik

Атлантик

Pacifik

Пацифик

ocean

Индијски океан

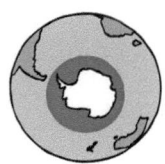

antarktički ocean

Антарктички океан

arktički ocean

Арктички океан

sjeverni pol

Северни рол

južni pol

Јужни рол

Antarktik

Антарктик

zemlja

земља

zemlja

земља

more

море

otok

оток

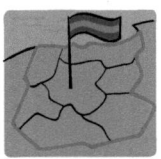

nacija

нација

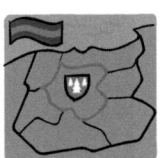

država

држава

brojčanik sata

бројчаник сата

satna kazaljka

сатна казаљка

minutna kazaljka

минутна казаљка

sekundna kazaljka

секундна казаљка

Koliko je sati?

Колико је сати?

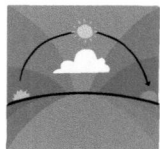

dan

дан

vrijeme

време

sada

сада

digitalni sat

дигитални сат

minuta

минута

sat

час

tjedan

седмица

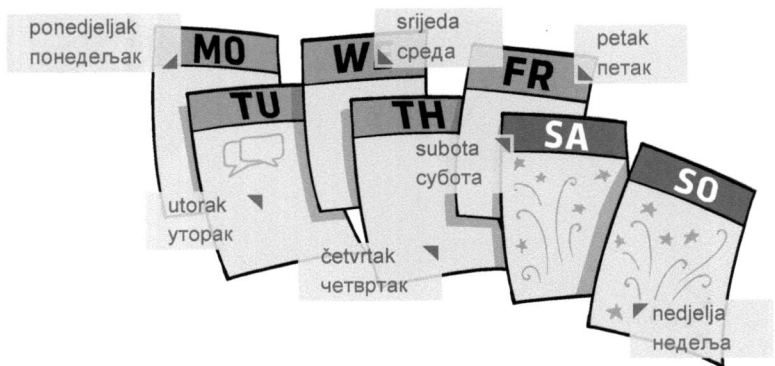

ponedjeljak
понедељак

srijeda
среда

petak
петак

utorak
уторак

četvrtak
четвртак

subota
субота

nedjelja
недеља

jučer
....
jуче

danas
....
данас

sutra
....
сутра

jutro
....
jутро

podne
....
подне

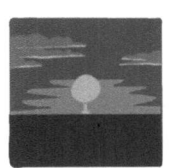

večer
....
вече

MO	TU	WE	TH	FR	SA	SU
1	2	3	4	5	6	7
8	9	10	11	12	13	14
15	16	17	18	19	20	21
22	23	24	25	26	27	28
29	30	31	1	2	3	4

radni dani
....
радни дани

MO	TU	WE	TH	FR	SA	SU
1	2	3	4	5	6	7
8	9	10	11	12	13	14
15	16	17	18	19	20	21
22	23	24	25	26	27	28
29	30	31	1	2	3	4

vikend
....
викенд

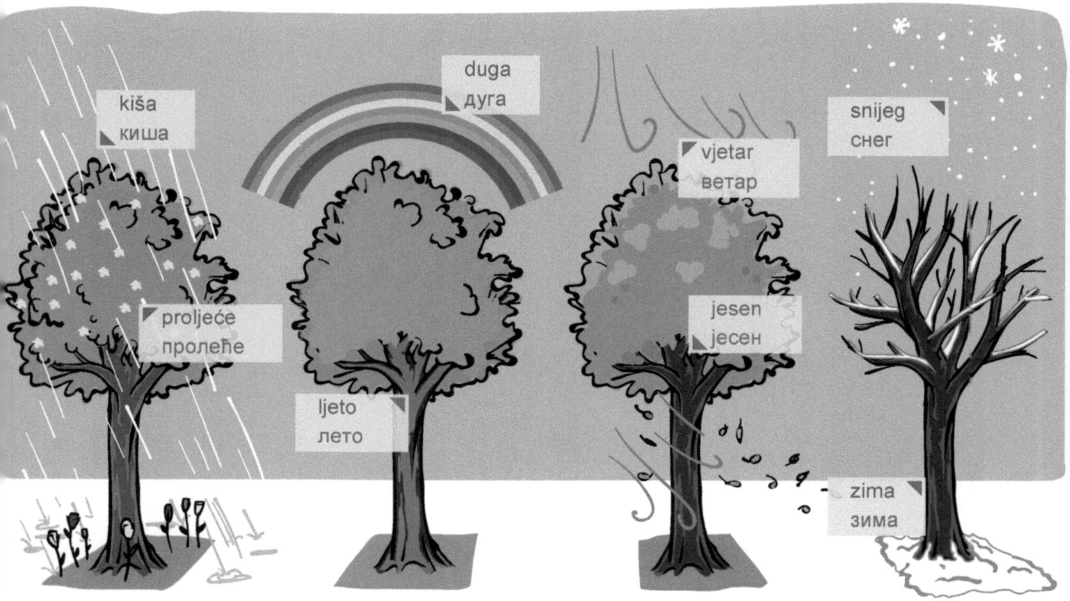

kiša
киша
duga
дуга
vjetar
ветар
snijeg
снег
proljeće
пролеће
jesen
јесен
ljeto
лето
zima
зима

4.APRIL 11°
5.APRIL 4°
6.APRIL 13°
7.APRIL 8°
8.APRIL 10°

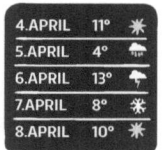

meteorološka prognoza

метеоролошка прогноза

F
C
120
90
60
30
0
-30
40
30
20
10
0
-10
-20

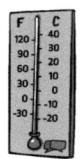

termometar

термометар

sunčana svjetlost

сунчана светлост

oblak

облак

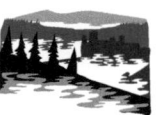

magla

магла

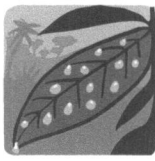

vlažnost zraka

влажност ваздуха

munja

муња

grmljavina

грмљавина

oluja

олуја

tuča

туча

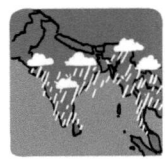

monsun

монсун

poplava

поплава

led

лед

siječanj

јануар

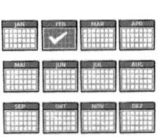

veljača

фебруар

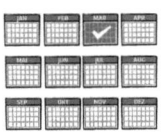

ožujak

март

travanj

април

svibanj

мај

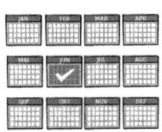

lipanj

јуни

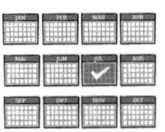

srpanj

јули

kolovoz

август

godina - година

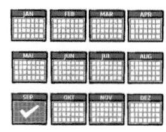

rujan

септембар

listopad

октобар

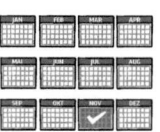

studeni

новембар

prosinac

децембар

oblici
облици

krug

круг

kvadrat

квадрат

pravokutnik

правоугао

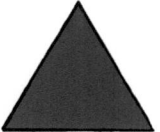

trokut

троугао

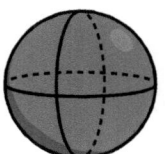

kugla

кугла

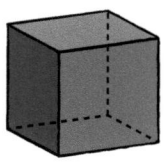

kocka

коцка

bijela
бела

žuta
жута

narančasta
наранџаста

ružičasta
ружичаста

crvena
црвена

ljubičasta
љубичаста

plava
плава

zelena
зелена

smeđa
смеђа

siva
сива

crna
црна

mnogo / malo

много / мало

ljutito / mirno

љутито / мирно

lijepo / ružno

лепо / ружно

početak / kraj

почетак / крај

veliko / maleno

велико / малено

svijetlo / tamno

светло / тамно

brat / sestra

брат / сестра

čisto / prljavo

чисто / прљаво

potpuno / nepotpuno

потпуно / непотпуно

dan / noć

дан / ноћ

mrtvo / živo

мртво / живо

široko / usko

широко / уско

jestivo / nejestivo

јестиво / нејестиво

zlo / dobro

зло / добро

uzbuđeno / dosadno

узбуђено / досадно

debelo / mršavo

дебело / мршаво

na početku / na kraju

на почетку / на крају

prijatelj / neprijatelj

пријатељ / непријатељ

puno / prazno

пуно / празно

tvrdo / mekano

тврдо / мекано

teško / lagano

тешко / лагано

glad / žeđ

глад / жеђ

bolesno / zdravo

болесно / здраво

ilegalno / legalno

илегално / легално

pametno / glupo

паметно / глупо

lijevo / desno

лево / десно

blizu / daleko

близу / далеко

novo / rabljeno

ново / половно

ništa / nešto

ништа / нешто

staro / mlado

старо / младо

uključeno / isključeno

укључено / искључено

otvoreno / zatvoreno

отворено / затворено

tiho / glasno

` тихо / гласно

bogato / siromašno

богато / сиромашно

točno / pogrešno

тачно / погрешно

hrapavo / glatko

храпаво / глатко

tužno / sretno

тужно / сретно

kratko / dugo

кратко / дуго

polako / brzo

полако / брзо

mokro / suho

мокро / сухо

toplo / hladno

топло / хладно

rat / mir

рат / мир

0

nula

нула

1

jedan

jедан

2

dva

два

3

tri

три

4

četiri

четири

5

pet

пет

6

šest

шест

7

sedam

седам

8

osam

осам

9

devet

девет

10

deset

десет

11

jedanaest

jеданаест

12

dvanaest

дванаест

13

trinaest

тринаест

14

četrnaest

четрнаест

15

petnaest

петнаест

16

šestnaest

шестнаест

17

sedamnaest

седамнаест

18

osamnaest

осамнаест

19

devetnaest

деветнаест

20

dvadeset

двадесет

100

stotinu

стотину

1.000

tisuću

хиљаду

1.000.000

milijun

милион

engleski

енглески

američko engleski

амерички енглески

kinesko mandarinski

мандарински кинески

hindi

хиндски

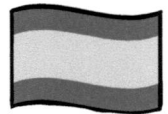

španjolski

шпански

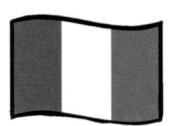

francuski

француски

arapski

арапски

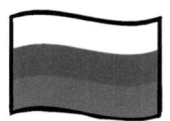

ruski

руски

portugalski

португалски

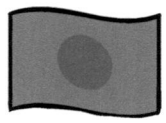

bengalski

бенгалски

njemački

немачки

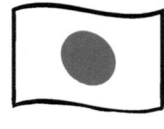

japanski

јапански

ja

ja

ti

ти

on / ona / ono

он / она / оно

mi

ми

vi

ви

oni

они

tko?

Ко?

što?

Шта?

kako?

Како?

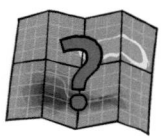

gdje?

Где?

kada?

Када?

ime

име

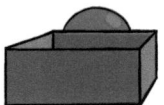

iza

иза

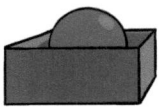

u

у

ispred

испред

preko

преко

na

на

ispod

испод

pored

поред

između

између

mjesto

место